LES
CONVENTIONS INTERNATIONALES

POUR LA PROTECTION

DE LA

PROPRIÉTÉ LITTÉRAIRE ET ARTISTIQUE

ET DES DROITS DE L'AUTEUR

PAR

A. GERMOND de LAVIGNE

DE LA SOCIÉTÉ DES GENS DE LETTRES

PARIS

L. LAROSE ET FORCEL

Libraires - Éditeurs

22, RUE SOUFFLOT, 22

1891

LES

CONVENTIONS INTERNATIONALES

POUR LA PROTECTION

DE LA PROPRIÉTÉ LITTÉRAIRE ET ARTISTIQUE

ANGERS, IMP. BURDIN ET Cie, 4, RUE GARNIER.

LES
CONVENTIONS INTERNATIONALES

POUR LA PROTECTION

DE LA

PROPRIÉTÉ LITTÉRAIRE ET ARTISTIQUE

ET DES DROITS DE L'AUTEUR

PAR

A. GERMOND de LAVIGNE

DE LA SOCIÉTÉ DES GENS DE LETTRES

PARIS

L. LAROSE ET FORCEL

Libraires-Éditeurs

22, RUE SOUFFLOT, 22

1891

LES

CONVENTIONS INTERNATIONALES

LITTÉRAIRES ET ARTISTIQUES

Le but à atteindre, lorsqu'un Syndicat des Sociétés françaises se fonda, en 1882, pour la garantie des œuvres littéraires et artistiques, ne fut pas seulement de réclamer l'échange, entre les nations, de conventions protectrices ; on se donna aussi pour mandat de provoquer l'amélioration des traités existants, et l'unification des diverses législations étrangères sur la propriété intellectuelle, en sollicitant, à cet effet, la réunion de conférences internationales.

L'ancienne convention franco-espagnole avait dit, vingt-neuf ans auparavant, en novembre 1853 : « Les hautes parties contractantes feront concorder leurs législations respectives, et devront, en attendant, faciliter, au moyen d'un règlement spécial, l'exercice du droit de propriété *artistique* dans les deux pays. »

L'Espagne est donc la première nation avec laquelle ait été spécifiée cette clause relative au droit de la propriété artistique. Cela démontre que dans les conventions antérieures, où la propriété intellectuelle était comprise dans les traités de commerce, les nations ne se préoccupèrent, tout d'abord, que des œuvres de littérature, et que c'est plus tard que l'on stipula pour les œuvres d'art.

On sait quelle a été la pensée unanimement accueillie par nos sociétés, dans cette institution de 1882 : affirmer devant l'étranger les droits absolus de la propriété de l'auteur ; défendre son privilège et celui de l'ayant droit, à l'égard des productions du domaine littéraire ou artistique, c'est-à-dire le livre, la brochure, l'article de journal, le feuilleton, l'ouvrage dramatique, la composition et la publication musicales, l'œuvre de dessin, de peinture, de plastique, en un mot de toute œuvre quelconque, *publiée par n'importe quel système* d'impression ou de reproduction, y compris la photographie.

L'énumération qui précède établit jusqu'où s'exerce ce principe sacré. Nous avons pris le livre pour type de ces productions diverses qui constituent le domaine intellectuel, et ce que nous disons à l'occasion du livre s'applique, par juste conséquence, à toute création de l'esprit et de l'art, à laquelle une garantie doit être acquise au nom de la justice et de la loi.

Nous avons lutté, plus particulièrement, pour que la traduction, admise comme l'expression, au profit des lecteurs étrangers, de la transformation quelconque de l'œuvre créée, cessât d'être considérée par eux comme une littérature spéciale sur laquelle ils exerçaient librement un droit qui leur paraissait légitime. Nous nous sommes efforcés dès lors d'établir que le privilège de l'invention littéraire, ou artistique, ou industrielle, devait être conservé au créateur, pendant un délai égal à la durée de la jouissance de la création elle-même.

L'unification des diverses législations est alors restée le but bien déterminé des hommes qui ont consacré leurs études à cette intéressante question de la fortune intellectuelle.

Si la France donna l'exemple, lorsqu'elle assura sur son territoire, par le décret de 1852, la garantie des œuvres étrangères, il est légitime d'établir que ce fut ensuite l'Espagne qui, une année après, s'associa à cet exemple, en formulant avec nous, par un traité du 15 novembre 1853, (V. art. 1er), le principe que nous venons de rappeler.

L'Espagne fut le premier pays qui entreprit de reviser sa

législation sur la matière, et c'est à elle que nous devons la formule précise du droit de l'auteur, et l'application de ce droit, comme nous l'avons dit ensuite, à *tout usage quelconque, sous quelque forme que ce soit, de la propriété intellectuelle.*

Une fois que des preuves légales ont affirmé la propriété au profit de celui qui a conçu l'idée, soit-elle sous la forme écrite, sous la forme du dessin ou de l'ouvrage plastique, ou sous la forme musicale, il reste à déterminer les garanties que cette propriété réclame. Après les lois d'État qui l'ont constituée, sont intervenues les conventions internationales, dont la bonne intention est souvent altérée par les contradictions des lois. De là, aujourd'hui, la nécessité de renouveler ces instruments de législation fondamentale. L'Espagne, nous venons de le dire, entreprit de répondre à ce besoin commun. Un projet fut apporté aux Cortès de Madrid, en 1877, par un député de Valence, don Manuel Danvila, jurisconsulte éminent, auteur d'un livre considérable sur la « propriété intellectuelle ». Les Cortès désignèrent, pour étudier ce projet, une commission composée des hommes les plus renommés de l'Espagne littéraire : Castelar, Balaguer, Nuñez de Arce, Rodriguez Rubi, etc. Après une sérieuse discussion, le vote favorable des députés fut à peu près unanime.

Le Sénat, lorsque vint son tour, remit l'examen à une commission d'hommes non moins éminents : le marquis de San Gregorio, le comte de Valdosera, le comte de Casa Galindo, Patricio de la Escosura, Federico de Madrazo, le marquis de Valmar.

Promulguée le 10 janvier 1879, la loi établit, comme doctrine fondamentale, que la propriété intellectuelle comprenait les œuvres scientifiques, littéraires ou artistiques, *qui pouvaient être mises au jour par quelque moyen que ce fût,* et que cette propriété appartenait aux auteurs pendant leur vie, aux héritiers pour quatre-vingts ans, aux acquéreurs pendant vingt-cinq ans, pour revenir aux héritiers après ces vingt-cinq ans, et pendant cinquante-cinq ans.

La loi déclara encore que nul ne pouvait reproduire

l'œuvre d'autrui sans son autorisation; que le droit de traduire une œuvre étrangère était réservé au propriétaire de
cette œuvre (auteur, héritier ou acquéreur), pour autant de
temps qu'il jouit dans son pays de la propriété de l'œuvre
originale ; ce même droit étant reconnu par réciprocité, en
pays étranger, au profit de l'auteur espagnol ou de ses
ayants cause.

Pour l'application de ces conditions, pour en étendre les
bénéfices nouveaux aux autres pays, pour produire, en un
mot, l'uniformité qui se trouvait dans le désir général, il fut
dit, dans la loi du 10 janvier 1879, que le gouvernement
espagnol, qui avait échangé, à des dates antérieures, des
conventions de propriété littéraire et artistique avec la
France, la Belgique, l'Angleterre, l'Italie, le Portugal, les
Pays-Bas, aurait à dénoncer ces conventions, et qu'il propo-
serait de négocier à nouveau, de pays à pays, pour les réta-
blir sur les bases suivantes :

« 1º Une complète réciprocité entre les deux contractants ;

« 2º L'obligation de se traiter mutuellement sur le pied
de la nation la plus favorisée ;

« 3º La déclaration que tout auteur ou ayant droit qui,
au moyen des formalités légales, aurait assuré son droit de
propriété dans l'un des deux pays, l'assurerait également,
de ce fait, dans l'autre, sans nouvelles formalités ;

« 4º Que dans chaque pays, l'impression, la vente, l'importation et l'exportation d'œuvres, dans l'idiome ou dans
les dialectes de l'autre, seraient interdites, si elles n'étaient
pas autorisées par le propriétaire de l'œuvre originale. »

La dénonciation de l'ancienne convention de novembre
1853, entre l'Espagne et la France, ayant été signifiée, les
deux pays ouvrirent les négociations.

Les documents que nous pouvons invoquer à cet égard
nous sont particulièrement précieux, l'un d'eux surtout,
qui nous permet de reprendre, dès son origine, l'historique
de ce notable mouvement des nouvelles relations internationales.

Les pourparlers eurent lieu à Paris.

Le marquis de Molins, grand d'Espagne, écrivain illustre,

alors directeur ou président de l'Académie espagnole, ancien ministre, avait reçu les pouvoirs de son gouvernement. La commission instituée à Madrid auprès du ministère d'État, se composait des députés Manuel Danvila, l'auteur de la loi de 1879, et don José Alvarez Mariño, et de M. Fº Millan y Caro, sous-directeur des affaires étrangères. La France était représentée par M. de Freycinet, secondé par M. Jagerschmidt, directeur des affaires commerciales. M. de Molins voulut bien recevoir, à cette occasion, une délégation du comité de la Société des gens de lettres, de laquelle faisaient partie MM. Constant Guéroult, Emm. Gonzalès, Jules Claretie, Germond de Lavigne et Charles Valois.

Un passage de l'historique que nous venons de mentionner, et qui a été rédigé par M. Alvarez Mariño, dit aussi que la commission de Madrid eut sous les yeux une note remise par un membre du comité de la Société des gens de lettres, officieusement introduit auprès d'elle, à la suite de conférences avec MM. Manuel Silvela, l'éminent jurisconsulte, ministre d'État ; Emilio Castelar, le célèbre orateur ; le comte de Toreno, ministre de *Fomento* (Instruction publique et Travaux publics), et le comte de Chaudordy, l'ambassadeur de France [1].

La convention qui résulta de ces pourparlers fut échangée le 16 juin 1880. Elle comprend les conditions de principe signalées plus haut, et posées par la loi du 10 janvier 1879. Elle réserve aux auteurs de chacun des deux pays la jouissance, dans l'autre pays, du droit exclusif de traduction sur leurs ouvrages, pendant toute la durée qui leur est accordée pour le droit de propriété sur l'œuvre en langue originale ; elle déclare que la publication d'une traduction non autorisée est de tous points assimilée à la réimpression illicite de l'ouvrage.

Cette convention dispose également :

(Art. 2, § 3) Que les auteurs d'ouvrages dramatiques

---

1. *El convenio con Francia* — dit le député espagnol — *fue redactado teniendo á la vista las notas de los señores Germond de Lavigne, Danvila y Alvarez Mariño...*

jouissent des mêmes droits, relativement à la traduction ou à la représentation des traductions de leurs ouvrages ;

(Art. 4, § 1) Que les articles littéraires, scientifiques ou critiques, romans-feuilletons, et en général tous écrits autres que ceux de discussion politique, publiés dans les journaux ou recueils périodiques, par des auteurs de l'un des deux pays, ne peuveut être reproduits ni traduits, dans l'autre pays, sans l'autorisation des auteurs ou de leurs ayants droit ;

(Art. 4, § 2) Que sont pareillement interdits les appropriations, adaptations, imitations, transcriptions ou arrangements, et généralement tout emprunt quelconque fait *sans le consentement de l'auteur* ;

(Art. 4, § 3) Que toute publication d'extraits ou de morceaux d'ouvrages, en original ou en traduction, est licite, pourvu que cette publication soit destinée à l'enseignement ou à l'étude, etc.;

(Art. 6) Que si l'une des parties contractantes vient à accorder à un État quelconque d'autres avantages que ceux qui sont stipulés dans la présente convention, ces avantages sont également concédés, dans les mêmes conditions, à l'autre partie contractante, etc., etc.

Il nous est certainement permis de signaler combien sont inférieures à ces dispositions précises celles de la Convention de Berne.

La convention franco-espagnole continue ses effets à l'heure présente, jusqu'à ce que des circonstances survenant de l'une ou de l'autre des parties contractantes, donnent lieu à dénonciation, et la convention resterait encore exécutoire pendant une année, à dater du jour de la dénonciation.

Ce traité, certainement notable, a servi de modèle pour ceux qui, dans une courte période de la même année 1880, ont été échangés par l'Espagne avec d'autres pays, en Europe et dans l'Amérique du Sud. On peut, avec raison, le considérer comme le type des instruments protecteurs de la propriété intellectuelle, et il est bien permis de regretter qu'il n'ait pas été plus complétement copié, lorsque des négociations entre divers pays, provoquées par le gouvernement helvétique en 1884 et 1885, ont eu pour résultat la convention internationale laborieusement conclue à Berne, en 1886.

Nous ne pouvons nous défendre de faire remarquer comment, par un fâcheux retour en arrière, malgré les vives résistances des délégués français auprès de la Conférence, en la présence même des délégués espagnols, un instant oublieux du principe proclamé par leur loi et par leur convention avec la France, l'acte de Berne n'octroya qu'une durée de dix ans au droit de l'auteur sur la traduction de son œuvre.

Il nous importe aussi d'ajouter, par une digression opportune, que ce délai restreint faillit être demandé, dans les négociations du bill américain; lors du second voyage de M. de Kératry à Washington, en 1889.

En effet, on s'étudia, un instant, à faire entendre au négociateur envoyé par les associations françaises, que la condition la plus désirable devait être un délai protecteur de *dix ans*, égal à celui déterminé par l'Union de Berne.

On perdait de vue, sans doute, qu'au point où nous en sommes avec l'Espagne, avec la Belgique [1], avec certains États de l'Amérique espagnole, en présence des espérances que d'autres pays, l'Allemagne elle-même, nous ont fait concevoir à la suite des conférences tenues à Berne, nous n'avions pas à renoncer aux avantages acquis, ni à désavouer les réserves énergiquement formulées par nos délégués, les 5 et 17 septembre 1885. Nous n'avons plus à discuter la maigre limite des cinq ans des conventions anciennes ; nous ne devons plus considérer, modestement, comme l'unique desideratum des garanties intellectuelles,

---

1. Nous ne pouvons croire que les conférences qui suivront la dénonciation, par le gouvernement de Bruxelles, de la Convention de 1881 et de la Déclaration de 1882, puissent vouloir priver nos deux pays du généreux délai qu'ils tiennent mutuellement de la Convention espagnole, ni des droits reconnus à l'auteur sur la propriété et l'usage de son œuvre, *sous quelque forme que ce soit*. (Loi belge de 1886.)

les dix ans de la Convention de Berne, ni à voir, comme la situation la meilleure, ce minimum consolateur dont l'éminent promoteur du projet de 1884 leurrait alors notre bon droit absolu.

On commettait à cet égard une grande et complète méprise, lorsque faisant l'éloge d'un acte resté provisoire, déclaré sujet à revision prochaine, on se risquait à dire que dans le cas où le texte de Berne ne serait pas admis comme base d'un projet à élaborer *aux États-Unis*, on pourrait prendre conseil de la Convention franco-*britannique* de 1851.

Vouloir introduire aux États-Unis les règles britanniques, ce n'était assurément pas une inspiration opportune.

Heureusement, M. de Kératry trouva, dans les dispositions de la ligue américaine, le lit si largement fait à la propriété intellectuelle, les principes libéraux si bien affirmés et défendus, qu'il n'eut qu'à se laisser faire et à garder le silence sur cette recommandation. Et en effet, au lieu des dix ans, nous nous trouvons, d'après un nouvel article du bill (4953), en possession d'un premier délai de vingt-huit ans, à courir de l'enregistrement du titre de l'œuvre, plus, avec l'article 4954, d'une prolongation de jouissance de quatorze ans, conséquence d'une seconde déclaration de l'œuvre, au profit de l'auteur, du créateur, de l'artiste, de la veuve ou des enfants, à l'issue du premier terme de vingt-huit ans.

Ainsi donc, de par le *Copyright*, ou ce que nous appellerons plus simplement ou plus clairement, dans notre idiome, *droit de copie* ou *droit de garantie,* le droit exclusif, inscrit à l'article 4952, « d'imprimer, de réimprimer, publier, compléter, reproduire, exécuter, achever ou vendre notre œuvre ; le droit de la produire en public, ou représenter, ou d'autoriser des tiers à l'exécuter ou représenter ; le droit de dramatiser et de traduire nos ouvrages » s'étendent désormais, dans les États-Unis, à une durée de *quarante-deux ans.*

Le gouvernement de Washington a sagement fait, tout en sanctionnant la doctrine libérale de son représentant auprès de la République helvétique, M. Winchester, de ne pas s'associer au pacte d'union de Berne, puisque nous recevons plus de quatre fois davantage, par le bill de 1891.

Nous avions protesté énergiquement, en 1884, contre les propositions de la Suisse, qui restaient tant au-dessous des espérances légitimes que nous donnaient depuis quatre ans la loi et la convention espagnoles ; les délégués de notre gouvernement dans la Conférence voulurent bien soutenir, avec non moins d'insistance, le principe justement libéral de l'assimilation du droit d'usage de la propriété, au droit premier et privilégié du créateur. Nos négociateurs ne réussirent pas, on sait pourquoi : ils étaient retenus par la crainte d'éloigner du traité d'union un pays mal éclairé sur l'étendue du droit de l'auteur, ou lié par des conditions nationales qu'il n'était pas en situation de modifier alors. Chez nous ces principes sont vieux, ils nous sont définitivement acquis, et nous ne pouvons plus les renier.

Il en est de cette affirmation du droit de l'auteur, comme de la définition des réserves qu'il lui appartient de préciser pour garantir sa propriété des formes quelconques par lesquelles le copiste ou l'exploiteur étranger peut se permettre d'en faire usage. Nous sommes arrivés à déterminer ces formes et à les faire introduire dans les instruments internationaux qui régissent aujourd'hui la matière. L'une est le consentement obligatoire de l'auteur ; l'autre est la formule qui caractérise l'*emprunt quelconque* de la propriété d'autrui.

Il nous importe d'établir la généalogie de ces définitions, précieuses pour la jurisprudence du droit de propriété, afin que l'honneur de les avoir indiquées revienne à qui de droit.

Nous venons de dire que ce fut l'Espagne qui admit cette formule, en 1877 et 1878 ; ce fut, en même temps, le comité de la Société des gens de lettres qui, en février 1879, s'adressant à **M.** le ministre des affaires étrangères, pour demander la répression de ces pratiques illicites que l'on appelait la *piraterie littéraire*, établissait que *la traduction n'est qu'une des formes de la reproduction.*

Les doctrines, alors timides, qui se produisaient dans le premier congrès de la Société, en 1878, avaient eu leur origine dans les préambules de la loi élaborée par le député Danvila, laquelle déclarait que la propriété de l'auteur, écrivain ou artiste, s'étendait aussi bien sur la traduction, sur l'arrangement et les formes analogues, que sur l'œuvre originale.

Ce que la loi espagnole de janvier 1879 résolut, au profit de la propriété intellectuelle, fut confirmé dans les conventions conclues par l'Espagne avec nous et avec les autres nations.

Le mouvement qui se fit en juin, juillet et août 1880, à cette époque, amena rapidement, parmi nous tous, une tendance formelle vers l'amélioration de nos traités avec les autres pays. Le Cercle de la Librairie ouvrit son salon, un soir de mars 1881, il ne faut pas dire à une conférence, le mot serait prétentieux, mais à une conversation en famille, sur la protection que les auteurs et les éditeurs étaient en droit de réclamer pour la propriété littéraire à l'étranger. Cette causerie s'inspira des doctrines que la Société des gens de lettres venait d'émettre et de soutenir. La traduction, moyen régulier d'introduire l'œuvre littéraire d'un pays dans un pays étranger, était une variante de la copie, ou reproduction en langue d'origine, mise à la portée de ceux qui ne connaissaient pas cette langue. Empruntant la définition inscrite par le comité des gens de lettres, dans une autre lettre au ministre des affaires étrangères (21 juillet 1879), la conclusion disait :

« Il n'y a qu'un mot pour représenter l'usage quelconque de la propriété littéraire, c'est : *reproduction*.

« Traduire, arranger, imiter, adapter, c'est reproduire. »

Cette définition n'est plus discutée aujourd'hui ; tout le monde l'accepte.

C'est ce que M. René Lavollée, ancien consul général, qui fut le délégué ardent et convaincu du gouvernement français à la Conférence de Berne, appela *l'assimilation du droit de traduction au droit de reproduction*. Après le délégué français, l'éminent conseiller fédéral qui présida la Conférence, M. Numa Droz, enveloppait dans un même anathème.

ces nombreuses appropriations indirectes qui, disait-il comme nous, *sous une forme perfide, et avec une prétendue bonne foi, tendent à dépouiller l'auteur du fruit de son travail.*

On voit qu'il ne s'agit plus uniquement de l'*adaptation*, dont on faisait alors, aux premières heures, et sans savoir la bien définir, le fléau de notre bon droit,

Ce pelé, ce galeux, d'où venait tout le mal.

Cette conférence du 18 mars 1881, au Cercle de la Librairie, concluait en proposant une *Ligue du Livre*. Cette ligue se fit ; elle a eu pour titre, jusqu'à ce jour, le *Syndicat pour la protection de la propriété littéraire et artistique*, composé de vingt membres des diverses Sociétés françaises. Un compte rendu récent de ses travaux nous donne l'historique complet des relations de la France avec les divers pays, pour assurer la protection de la propriété, « des œuvres de l'esprit et de l'art » en d'autres termes : « du droit de l'auteur. »

Ce fut par la Belgique, « jadis terre classique de la contrefaçon », comme a dit M. René Lavollée, dans une judicieuse étude publiée par le *Journal des Économistes* (mars 1887), que commença, en 1881, l'importante réforme qu'il nous fut donné d'entreprendre. Les conventions de la France avec la Belgique dataient de 1852 et de 1861. On s'inspira des généreux changements dictés par la convention espagnole de 1880. Toutes les vieilles conditions disparurent : la déclaration à court délai, la déchéance de l'auteur dans des limites rigoureuses. La convention nouvelle consacra la reconnaissance du droit de l'auteur sur la traduction de son œuvre, pendant une durée de dix années, lorsque les traités antérieurs n'accordaient que cinq ans.

La Chambre des députés examinait, à ce moment, sur un rapport de M. Mézières, la loi qui devait consacrer la convention franco-belge. Le bureau du Syndicat et des délégués de la Société des gens de lettres réclamèrent, pour ce traité avec la Belgique, ce qui avait été demandé trois ans auparavant au gouvernement espagnol, lorsqu'il préparait sa loi sur la propriété intellectuelle, c'est-à-dire la suppression de tout délai concluant à déchéance. On déclinait dès lors la possibilité d'accepter une limite étroite de dix ans pour la jouissance du droit de traduction ; on formulait qu'il ne devait plus y avoir désormais d'autre terme assigné au droit de reproduction quelconque, que celui de la propriété de l'œuvre originale ; qu'il ne pouvait pas être fait à la traduction un régime différent, attendu que cette distinction était inexacte, et que, bien réellement, au point de vue de *l'usage* d'une œuvre à l'étranger, *la traduction n'était pas autre chose qu'une forme de la reproduction.*

On peut voir que les arguments et les textes fournis aujourd'hui, ici et ailleurs, ne sont pas nouveaux.

Dans cette conférence tardive avec la commission parlementaire, les réclamants se trouvaient en présence de signatures échangées ; il n'était plus temps de modifier un traité conclu. La question adressée par le gouvernement de la Chambre était nettement restreinte : « C'est la ratification par le Parlement que l'on nous demande ; pouvons-nous présenter la loi proposée ? devons-nous la repousser ? »

Pour ce traité nouveau avec la Belgique, comment agir ? Nous étions bien peu autorisés pour prendre quelque responsabilité, pour demander à la commission de refuser la loi. Nous ne pouvions que laisser faire. La loi fut votée, et promulguée le 31 octobre 1881.

« C'est loin d'être le dernier mot du progrès, » disait alors M. Mézières, dans son rapport à la commission parlementaire. « Le traité espagnol, ajoutait l'éminent académicien, reste le modèle des conventions littéraires. *On a obtenu de l'Espagne de plus grands avantages.* »

Nous restions avec la sentence de M. Mézières.

Deux conventions antérieures, passées par la France avec la Belgique et avec l'Italie, en 1861 et en 1862, contenaient, l'une et l'autre, la clause suivante :

« Tout privilège ou avantage qui serait accordé ultérieurement par l'un des deux pays à un troisième, en matière de propriété d'œuvre de littérature ou d'art, sera acquis de plein droit aux citoyens de l'autre pays. »

On aura remarqué dans la presse française, il y a quelques mois [1], un intéressant commentaire de cette clause, qui figure dans les traités divers des nations d'Europe, et qui est devenu *de style*, suivant une expression consacrée. C'est un symbole de la réciprocité. On ne perdra pas de vue une circonstance profondément douloureuse dans laquelle cette disposition a été attribuée à notre pays ; elle fait partie du traité de Francfort du 10 mai 1871 (art. 11, § 1er) :

« Le gouvernement français et le gouvernement allemand prendront, pour base de leurs relations commerciales, le régime du traitement réciproque sur le pied de la nation la plus favorisée. »

La clause qui existe dans les conventions de 1861 et 1862, entre la Belgique et l'Italie, fut inscrite, en 1880, par l'Espagne, dans ses traités avec la France, avec la Belgique et deux autre États. Elle était formulée dans le traité de l'Espagne avec la France et avec la Belgique ; elle ne figurait pas dans la convention de la Belgique avec la France. Il s'agissait donc de réclamer logiquement, auprès de la Belgique, un bénéfice que ce pays tenait de la nouvelle législation espagnole.

Le bureau du Syndicat s'adressa au ministre ; reçu par le sous-secrétaire d'État, M. Spuller, et par M. Mariani, directeur des affaires commerciales, il remit une note dans laquelle était présenté en parallèle ce que l'Espagne avait concédé à la Belgique, ce que la Belgique devrait à la France.

Vingt jours après, était échangée entre les deux pays, pour être annexée à la convention, une *déclaration* interprétative ainsi conçue :

« Les soussignés déclarent que les auteurs et les ayants droit des auteurs de l'un des deux pays auront, dans tous les cas, la faculté d'invoquer, dans l'autre pays, le bénéfice *du traitement de la nation la plus favorisée*, en ce qui

---

1 *Le Temps*, 9 novembre 1890.

concerne le droit de traduction de leurs ouvrages, et le droit de reproduction en traduction des œuvres dramatiques.

« La présente déclaration aura même force, valeur et durée que la convention du 31 octobre 1881, à laquelle elle sert de complément.

« Fait à Paris, le 4 janvier 1882[1].

« Signé : BEYENS ; LÉON GAMBETTA. »

M. Demeur, le très distingué jurisconsulte belge qui fut rapporteur, pour cette même convention, devant la Chambre des représentants, disait à ce sujet : « L'acte additionnel

---

1. Il est de grand intérêt, à ce propos, de montrer dans quels termes la réciprocité, et surtout la disposition relative au « traitement de la nation la plus favorisée », ont été introduites dans les actes internationaux :

France et Grande-Bretagne, 1852. — Aucune condition.
— *et Espagne*, 1853. — Aucune condition.
—. *et Pays-Bas*, 1855. — Aucune condition.
— *et Belgique*, 1861. — « Tout privilège ou avantage qui serait accordé ultérieurement, par l'un des deux pays contractants, à un autre pays, en matière de propriété d'œuvres de littérature ou d'art, sera acquis de plein droit aux citoyens de l'autre pays. »
France et Italie, 1862. — Même rédaction que dessus.
— *et Suisse*, 1864. — Aucune condition.
— *et Saxe*, 1865. — Aucune condition.
— *et Prusse*, 1865. — Aucune condition.
— *et Autriche*, 1866. — Aucune condition.
— *et Portugal*, 1867. — Aucune condition.
Espagne et France, 16 juin 1880. — « Il est entendu que si l'une des hautes parties contractantes accordait à un État quelconque, pour la garantie de la propriété intellectuelle, d'autres avantages que ceux qui sont stipulés dans la présente convention, ces avantages seraient également concédés, dans les mêmes conditions, à l'autre partie contractante. »
Espagne et Belgique, 26 juin 1880. — « Il est entendu que si dans une convention quelconque, pour la protection de la propriété intellectuelle, il était accordé de plus grands avantages par l'une des hautes parties contractantes à une troisième puissance, l'autre profiterait également de ces mêmes avantages, sous les mêmes conditions. »
Espagne et Grande-Bretagne, 11 août 1880. — Sans conditions.
Espagne et Italie, 28 juin 1880. — Même stipulation que pour la Belgique.

est bien plutôt une modification à la convention, qu'une déclaration interprétative. »

La France et la Belgique, en présence des réclamations soulevées, en raison aussi du mouvement des esprits, se trouvèrent de la sorte amenées, à leur mutuelle satisfaction à se donner des avantages qu'elles n'avaient pas reçus de l'Espagne.

Aujourd'hui on sait comment est intervenue, d'une manière inattendue, la dénonciation, de la part du gouvernement belge, de ce traité, dont nous avions lieu de nous féliciter.

Espagne et Portugal, 9 août 1880. — Même stipulation que pour la Belgique et l'Italie.

France et Suisse, février 1882. Art. 1er. — « Tout privilège ou avantage qui est ou sera accordé par la France à un autre pays, en matière de propriété d'œuvres de littérature et d'art, sera acquis de plein droit aux citoyens suisses. — Art. 6. — Les hautes parties contractantes conviennent en outre, que les auteurs suisses ou leurs ayants droit auront, dans tous les cas, la faculté d'invoquer le bénéfice du traitement de la nation la plus favorisée, en ce qui concerne le droit de traduction de leurs ouvrages, et le droit de représentation des ouvrages dramatiques.

« Ces dispositions recevront également, à titre de réciprocité, leur application en Suisse, pour la protection de la propriété dûment acquise en France des ouvrages d'esprit et d'art. » (Art. 16 de la Convention.)

France et Belgique, 1881. — Même rédaction qu'en 1861, plus 4 janvier 1882, la faculté d'invoquer le bénéfice du traitement de la nation la plus favorisée, et dans les mêmes termes que ci-dessus pour France et Suisse (art. 6).

France et Allemagne, 1883. — « Les hautes parties contractantes conviennent que tout avantage ou privilège plus étendu, qui serait ultérieurement accordé par l'une d'elles à une tierce puissance, en ce qui concerne les dispositions de la présente convention, sera, sous condition de réciprocité, acquis de plein droit aux auteurs de l'autre pays, ou à leurs ayants cause. »

France et Italie, 1884. — Même rédaction que celle de la Convention *Espagne et France* (16 juin 1880, ci-dessus).

Union de Berne, 1885. — La stipulation dont il s'agit n'a pas été reproduite. Voir cependant l'article 15 et le 2° § de l'article additionnel à la convention, et une note du volume II de MM. Lyon-Caen et Delalain, qui indique l'intention de ces deux articles. Voir aussi un rapport de M. L. Cattreux, de Bruxelles, octobre 1890.

Nous ne saurions prévoir sur quel point porteront les probabilités d'une revision; mais nous ne doutons pas que cette revision ne respecte les dispositions primordiales d'une affectueuse entente entre les deux pays.

On peut ainsi reconnaître que la condition de réciprocité est le moyen réel d'assurer le progrès dans nos conventions internationales, et surtout d'atteindre à l'unification tant désirable des législations des différents États.

Le Portugal, l'un des pays qui, jusqu'à ce jour, se sont tenus en dehors du progrès introduit dans les traités sur la propriété intellectuelle, a apporté une grande indifférence dans l'observation de l'acte particulier qui le lie avec la France. Ce traité date de juillet 1867. Nous en sommes encore, avec le Portugal, à l'obligation de l'enregistrement dans les trois mois de la date de la publication ; aux limites d'une année pour le commencement d'une traduction autorisée ; de trois ans pour la traduction complète ; de cinq ans — pas même dix — pour la durée du droit de propriété réservé à l'auteur sur la reproduction de son œuvre ; de trois mois pour la publication ou la représentation d'une œuvre dramatique.

Cette situation a été signalée à M. le ministre des affaires étrangères, dès l'année 1882, et plus tard, en 1884, et il a été demandé que la convention entre la France et le Portugal fût soumise à revision dans les termes de celle entre la France et l'Espagne.

Plus particulièrement, nos auteurs et ayants droit, ou le bureau des déclarations du Cercle de la Librairie, chargé de les représenter, avaient eu quelques occasions de se plaindre de l'inexécution, au ministère de l'intérieur, à Lisbonne, de l'article de la convention relatif à l'enregistrement des œuvres déclarées à la légation de Paris.

A l'occasion d'un voyage à Lisbonne, l'auteur du présent travail put rencontrer le chef de ce service, publiciste très distingué, M. Gervasio Lobato, et celui-ci voulut bien affirmer qu'à la suite de démarches faites par le ministre de France, M. Laboulaye, cet enregistrement était enfin ouvert et se ferait désormais régulièrement. Le délai d'enregistrement de trois mois est déterminé, non plus du jour de l'inscription à Lisbonne, mais de la date même de la déclaration à la légation de Paris, en vertu du privilège de l'exterritorialité; le domicile de la légation étant considéré comme territoire portugais.

On put se convaincre, à cette occasion, des motifs qui portaient le gouvernement de Lisbonne à se renfermer dans les limites de sa convention, et à s'abstenir de s'associer à l'Union de Berne. C'est, assurément, par une connaissance insuffisante de la situation, qu'il convient au Portugal de réserver à sa littérature nationale les conditions étroites de la convention de 1867, et les facilités que ce traité renferme en matière d'usage de la propriété étrangère.

On n'ignore pas que, lorsqu'à la suite de la nouvelle loi espagnole de 1879, le Portugal a conclu avec l'Espagne, pour la garantie de la propriété des œuvres littéraires, scientifiques et artistiques, une convention calquée sur celle de l'Espagne avec la France, les deux pays, le Portugal et l'Espagne, ont admis entre eux le principe de la réciprocité et du traitement de la nation la plus favorisée. Cette clause manque dans le traité de 1867, entre le Portugal et la France. Il serait plus digne des sympathies qui rattachent entre elles les nations latines, que le Portugal se montrât meilleur juge de l'équité de la loi commune, et de la réciprocité que réclame le décret français de 1852.

On ne saurait douter que le département des affaires étrangères ne veuille reconnaître qu'il serait utile d'appeler de nouveau sur cette situation l'attention de son représentant à Lisbonne.

Pour l'Italie, nous avons été, en 1889, dans une situation semblable à celle qui vient d'être signalée pour la Belgique. Il s'agissait de revoir l'ancien traité du 24 septembre 1862, très libéral en apparence, assimilant nettement la traduction à la reproduction; mais introduisant ce correctif fatal, que la traduction devait être publiée dans le délai d'un an. Cette condition était exorbitante. On fit remarquer à M. le ministre des affaires étrangères qu'il existait, entre l'Italie et l'Espagne, une condition que l'Espagne a attribuée à la France, et de laquelle la France avait le droit de demander la réciprocité à l'Italie. Ce fut la base de la nouvelle convention conclue avec l'Italie, en juillet 1884; mais non pas dans des conditions aussi étendues que celles du traité-type avec l'Espagne, parce que la loi d'État italienne ne permet encore à l'auteur étranger qu'un droit de dix années sur la traduction de son œuvre.

C'est sans doute à ce sujet, et particulièrement aussi à propos des dispositions relatives à la dramatisation, que des tentatives récentes auraient été faites pour la modification de la convention italienne de 1884. Le gouvernement de Rome aurait répondu que cette convention garantissait suffisamment les auteurs français. Cela prouve la vanité des conventions et l'inanité du plein droit conventionnel, lorsque la loi n'est pas conforme. Il nous reste l'assertion très aléatoire du ministre italien, que « si des réclamations sont formulées, les auteurs peuvent s'adresser aux tribunaux ».

Un grave événement, le deuil d'une vieille nation européenne, peut arriver un jour à modifier ses relations avec nous, et à ramener à des formes plus normales les égards qu'elle peut devoir à nos écrivains et à nos artistes. La convention franco-hollandaise, du 29 mars 1855, était la plus simplement conçue, la plus favorable aux intérêts de nos auteurs et de nos éditeurs; elle n'exigeait pas d'enregistrement; l'œuvre était protégée, dans les Pays-Bas, du seul fait de la déclaration légale dans le pays d'origine; elle ne stipulait ni terme pour l'exercice privilégié du droit de traduction, ni délais pour la publication de celle-ci; elle protégeait contre toute vente, exposition, importation de publications illicites.

Elle fut entraînée avec la suspension des relations commerciales. Elle a été reprise avec une addition relative à la musique; mais elle est mal exécutée; nos réclamations rencontrent de grandes résistances; il nous faut espérer une convention nouvelle d'un gouvernement nouveau.

Nous devons prendre note, de plus, que les Pays-Bas n'ont pas adhéré à la Convention de Berne.

Le Luxembourg, alors annexé aux Pays-Bas par un pacte de famille, et rattaché aux traités de commerce du Zollve·rein, était lié à la France par une convention pour la garantie réciproque des œuvres d'esprit et d'art, datant du 16 décembre 1864. Dénoncée par force majeure, lors des événements de 1870, cette convention profita du rétablissement formulé par l'article 11 du traité de Francfort. Elle réexiste, et, d'ailleurs, elle est complétée par l'Union de Berne. Maintenant que la situation politique du grand-duché de Luxembourg est modifiée, il est à supposer que le gouvernement français voudra aviser à mieux assurer les rapports de deux pays séparés par une frontière inapparente, et que nous pourrons avoir à réclamer les bénéfices que l'article 15 de la Convention de Berne nous autorise à rechercher.

Un examen plus étendu de nos autres relations internationales nous entraînerait trop loin ; le soin de les assurer appartient à notre département des affaires étrangères; notre tâche, pour le présent, est d'étudier de plus près les avantages que nous avons à espérer des pays avec lesquels nous sommes en rapport, et dans l'ordre d'idées que nous avons un instant interrompu.

Il est peut-être regrettable, qu'en 1852, les rédacteurs du décret-loi du gouvernement français, qui accordait spontanément aux auteurs des autres pays la protection des œuvres littéraires contre la contrefaçon chez nous, n'aient pas songé à réclamer en même temps la réciprocité. On eût tout au moins provoqué un mouvement de gratitude qui eût facilité les échanges conventionnels. Ce que nous avons à regretter plus sûrement, c'est que cette réciprocité n'ait pas été formulée dans la Convention de Berne. Dans un instrument d'union générale, c'eût été la plus formelle expression du lien commun. N'est-ce pas la plus concise? N'est-ce pas, en quelques mots, le véritable contrat : *le traitement de la nation la plus favorisée*, ou le traitement d'une nation plus favorisée que d'autres ?

Il est question de la revision, peut-être prochaine, de ce pacte. Nous avons été les premiers, à la suite de la lutte soutenue à Berne en faveur de nos arguments, à prévoir que cette revision serait commandée. Nous avons pris texte, dès le début, des réserves faites par la France, et des dispositions sur lesquelles ces réserves devaient porter. Un commentaire du *Journal de la Librairie*, du 2 octobre 1886, démontre que nous tenions compte de l'article 15 de la convention et de l'article additionnel introduit, à l'heure de la clôture, par nos négociateurs, et disant que « la Convention n'affecte en rien le maintien des Conventions actuellement existantes entre les pays contractants, en tant que ces conventions confèrent aux auteurs ou à leurs ayants cause, des droits plus étendus que ceux accordés par l'Union, ou qu'elles renferment d'autres stipulations qui ne sont pas contraires à cette convention. »

De cet article, il résulterait que les pays qui ont contracté l'Union de Berne sont plus engagés que peut-être ils n'ont voulu l'être ; ils se trouvent logiquement conduits, à moins de conserver un état d'anomalie flagrante, à accepter ou à demander les arrangements meilleurs desquels il vient d'être parlé.

A quoi sommes-nous donc conduits par ces stipulations ? A répondre au vœu inscrit en tête de ce travail, à demander aux nations de faire concorder leurs lois d'État sur la propriété intellectuelle. Les nations ont, soit chez nous, soit à Berne, des conventions souvent contredites par les lois locales. Il arrive chaque jour que, cherchant la vérité et la justice dans un traité avec un pays, on rencontre, survivant dans la loi de ce pays, des contradictions qui dénient la justice obtenue, ou la justice que l'on serait en droit d'obtenir. Ces lois maintiennent en vigueur des délais de déchéance ou de forclusion que les conventions ne consacrent pas ; elles repoussent des conditions de traitement plus favorisé, qui sont la sauvegarde de notre propriété si respectable.

Du moment que ces conditions conventionnelles ont été échangées ; du moment aussi — et c'est devenu la tradition des pays régis suivant des formes parlementaires, — que l'on donne aux conventions une consécration légale, par un vote spécial des grands corps délibérants ; du moment que c'est la loi qui prononce l'acceptation d'une convention, et que cette convention devient loi, ne faut-il pas que ce qu'elle a accordé reste loi, et soit à l'abri de résistances ou de dénonciations improvisées et toujours préjudiciables ?

C'est là le bienfait de l'unification, et cette unification devra se produire peu à peu.

La convention espagnole de 1880, avec la Belgique, avec la France, avec l'Italie, le Portugal, s'est faite *dans les conditions de la présente loi*, a dit la loi du gouvernement de Madrid, de 1879. La convention de la France avec l'Italie s'est faite « en tant que certaines dispositions n'étaient pas fondamentalement contraires, soit aux lois françaises, soit à la loi à peine antérieure de l'Italie ». Ceci indique une tendance vers la conformité, mais c'est aussi un aveu d'incompétence fréquente. La loi belge de 1886 a suivi de près les conventions belges avec nous et avec d'autres pays ; elle ne les contredit pas. Il serait fâcheux, en effet, que les traités loyaux échangés avec nous ne ussent pas d'un esprit conforme à celui de l'instrument belge, monument de légitime protection et de libérale entente.

Nous-mêmes, nous préparant à revoir notre législation multiple, cherchant à refaire, avec des éléments très divers, un corps de jurisprudence digne de notre pays, digne de la place que nous tenons dans les relations internationales, ne serions-nous pas blâmables de ne pas nous préoccuper davantage des indications que ces échanges nous fournissent ? Les conventions sont le meilleur enseignement à consulter pour la loi future.

Ceci, nous devons le dire particulièrement à l'égard de la revision qui pourra être faite de la Convention de Berne, que nous sommes arrivés plus d'une fois à considérer comme fort insuffisante, et même fort inférieure à ce qu'elle peut être. Nous ne nous résignerons pas, quelque affectueuse

attention que nous devions à la saine expérience de M. Cattreux, à reconnaître que ce traité soit « le plus bel acte diplomatique » de notre temps. Cela ne saurait se dire d'un instrument qui limite à dix ans le droit de l'auteur sur l'usage
quelconque de son œuvre. L'Espagne et l'Amérique nous
donnent bien davantage et, nous ne voyons aucune raison
pour que cette digne part ne soit pas faite par tous à tous.

On sait, nous le supposons, à l'égard de la Convention
d'union, comment nous nous sommes prononcés, en 1884,
à l'égard des résistances que nous rencontrions alors, et
comment nos opinions, restées fermes depuis six ans, vont
se représenter stables et logiques dans un nouvel examen.

Il est intéressant de rappeler qu'un congrès libre, littéraire, artistique et de camaraderie internationale avait été
convoqué au mois d'octobre 1887, à la suite d'autres agapes
à peu près annuelles, et avec l'intention avouée de travailler
à cette revision. Le rendez-vous était à Madrid. Il ne parut
opportun, ni à la Société des gens de lettres, ni au Syndicat
des Sociétés littéraires et artistiques, de prendre part à
cette fête. Beaucoup pensèrent cependant que, dans l'état
de solution provisoire où se trouvent encore les relations
engagées par la convention en question, il pouvait être
utile d'affirmer, à un moment donné, l'opinion déjà exprimée
à cet égard. Une note destinée à être déposée, le cas échéant,
sur le bureau du congrès, fut confiée à un éditeur parisien,
fort désireux de voir la capitale espagnole. Fut-elle accueillie
et communiquée ? Le mandataire craignit-il que cette note
n'eût un caractère de trouble-fête ? Elle réclame sa place dans
notre historique :

« Il importe d'établir que les solutions à étudier ne sauraient, quant à présent, avoir d'autre caractère que celui
d'un vœu pour des négociations ultérieures.

« La Convention de Berne, à la rédaction de laquelle les
délégués français ont pris une part déterminante, est maintenant un résultat acquis, quelque réduit que soit le nombre
des dix nations qui y ont adhéré. Elle est signée ; elle est

ratifiée ; elle ne saurait être discutée ni modifiée jusqu'au moment, laissé à l'approbation du gouvernement français, où les nations, consultées par lui, auront fait connaître leur avis sur l'opportunité d'une revision.

« Les délibérations quelconques au pied levé, vœux ou espérances prématurées, résultant de toute réunion libre, ne doivent devancer ni contraindre une initiative qui appartient uniquement au Département. On ne saurait avoir à fournir que des notes à consulter en vue d'une réforme, et ces notes seront nécessairement recueillies par le gouvernement français.

« Il y a lieu toutefois d'exprimer un sentiment sur les questions inscrites au programme de la réunion de Madrid.

« On pense :

« 1° Que la durée accordée à la propriété intellectuelle étant péremptoirement déterminée par les lois fondamentales de chaque pays, et se trouvant différente chez tous, les vœux et les promesses des diverses conventions, et même de celle de Berne, doivent tendre à donner la même autorité partout, *et par la loi*, à la garantie des œuvres de l'esprit.

« Peut-être eût-il mieux valu que ce programme eût été choisi, de préférence à celui dont les résultats resteront encore longtemps incomplets.

« L'assimilation du droit de traduction au droit sur la reproduction, programme permanent des différents congrès internationaux, en quelque lieu qu'ils se tiennent, n'est pas une proposition nouvelle. C'est un dogme inscrit par les délégués du gouvernement français, à Berne ; il n'y a plus lieu de le remettre en question.

« D'autres questions : lectures publiques ; droit de citation ; droit de critique ; domaine public en matière théâtrale ; application de la Convention de Berne aux œuvres de l'architecture, ne sont non plus que des sujets maintes fois présentés, toujours résolus de même manière, et définitivement consacrés.

« Que l'on considère les réunions internationales déjà votées, en 1878, par le Congrès des gens de lettres, au point de vue des relations affectueuses engagées entre les écrivains, auteurs et artistes des différents pays, soit. Elles présentent des avantages inappréciables; elles aident au recrutement d'un plus grand nombre de nations au profit d'une union défensive de la propriété intellectuelle; elles apportent, entre temps, des vœux au profit de l'œuvre diplomatique de l'unification des législations, en cette matière. »

Et, au résumé, pourquoi ces redites? Pourquoi cette leçon, qui revient sans cesse et que l'on accepte chaque fois avec la même solution?

Il en a été un peu de la sorte, sauf les manifestations extérieures, pour le programme du congrès organisé par la Société des gens de lettres, en 1889. Ce congrès ne nous a amené à des questions ni plus opportunes, ni plus pratiques, sans doute parce qu'il a été établi en partie avec le concours des mêmes inspirations. Ce programme a eu le tort de reprendre, presque une à une, les questions déjà présentées et résolues au congrès de la même Société, en 1878, et quelques autres venant du premier projet de Berne. Retourner en arrière, reprendre les solutions inscrites et consacrées, c'est donner raison aux résistances que nous avons pu rencontrer et qui ont cédé devant une série d'ententes, désormais non contestées.

Le Syndicat des sociétés avait été prié d'envoyer des délégués auprès de la commission des gens de lettres chargée d'arrêter le programme du congrès de 1889. Ces délégués demandèrent la suppression de ces questions, toujours les mêmes, à toutes les réunions analogues. Nous venons de les mentionner à propos du congrès de Madrid; elles se sont présentées de nouveau à Berne, puis à Londres. Il ne serait pas impossible assurément de trouver, dans les intérêts des lettres et des arts, des observations de plus sérieuse importance. Celles que vos délégués proposaient d'ajourner restèrent au programme.

L'une des questions, la première, demandait si l'auteur d'une œuvre littéraire a le droit exclusif d'en faire ou d'en autoriser la traduction. Voici les solutions successivement intervenues à cet égard depuis les douze dernières années :

a. — Le volume du congrès de 1878 avait enregistré ce vœu : « Que les traités internationaux réservent à l'auteur le droit exclusif d'autoriser la traduction et l'adaptation de son œuvre. »

b. — « La traduction n'est qu'une reproduction comme une autre de l'œuvre littéraire, » a dit ensuite le comité de la Société des gens de lettres, dans une lettre adressée, en 1879, au ministre des affaires étrangères. Ce qui équivaut à conclure que si l'auteur possède le droit exclusif de disposer de la reproduction de son œuvre, il en est de même pour la traduction.

c. — On a dit aussi, en 1882, dans une note à propos de la convention avec l'Allemagne, et en 1884, dans un mémoire sur le projet de Berne : « La traduction est une des formes de la reproduction ; toutes les formes quelconques d'usage de la propriété de l'auteur, arranger, approprier, traduire, adapter, c'est reproduire. »

d. — « Les auteurs, a dit ensuite l'article 5 de la Convention de Berne (1885), jouissent du droit exclusif de faire ou d'autoriser la traduction de leurs ouvrages[1]. »

e. — « Le droit de l'auteur sur une œuvre littéraire, dit la loi belge de 1886, comprend le droit exclusif d'en faire ou d'en autoriser la traduction. »

f. — Enfin, un éminent professeur, qui a manié toutes les formules de notre jurisprudence conventionnelle, a proposé, au congrès de 1889, de dire que « le droit *d'auteur*[2]

---

1. Dans cette circonstance, et à propos de l'adaptation, MM. Clunet et Pouillet avaient dit que cette forme doit être considérée comme contrefaçon et comme un délit plus coupable que la contrefaçon. L'interprétation est fausse, il n'y a contrefaçon qu'en l'absence du consentement de l'auteur, et l'adaptation est un arrangement quelconque qui n'a rien de délictueux, lorsqu'un auteur, consulté sur cet emploi particulier de son œuvre ou de son idée, y a consenti. L'honnête traduction textuelle, mot à mot, est elle-même un délit. lorsque l'agrément de l'auteur n'a pas été obtenu.

2. Il faudrait dire le droit *de* l'auteur, parce que le *droit d'auteur* est la formule consacrée pour le salaire attribué à l'auteur. Ceci a été également signalé à la Conférence de Berne, en 1885, par M. R. Lavollée.

sur une œuvre littéraire comprend le droit exclusif d'en faire ou d'en autoriser la traduction. »

C'est donc bien entendu partout.

Concluons maintenant sur les autres propositions du programme de 1889.

Nous venons de préciser qu'il eût été désirable que les rédacteurs du programme eussent évité de prendre pour point de départ et de viser une fois encore, sous une forme de doute qui n'existe plus, la question du droit de l'auteur sur la traduction de son œuvre. La question fondamentale est bien plutôt *l'assimiliation de la traduction à la reproduction*, telle qu'elle est restée indéterminée à Berne. C'est à cause des motifs de cet ajournement, qu'il importe de bien manifester l'accord désormais établi :

Sur les articles de discussion politique, nouvelles du jour, faits divers, on a pensé qu'ils doivent être considérés comme appartenant à la vulgarisation. Les dépêches télégraphiques, une fois publiées, sont du domaine de la vie publique.

A l'égard du roman-feuilleton, qu'il constitue une propriété littéraire absolue, dont *l'usage quelconque* est entièrement subordonné à l'autorisation de l'auteur. C'est là une solution acquise de tout temps.

Au sujet des emprunts pour une publication destinée à l'enseignement, qu'il y a toujours lieu de réclamer l'autorisation de l'auteur. Il est nécessaire qu'une limite soit indiquée pour l'étendue de l'emprunt.

Le programme du congrès a signalé ce que l'on appelle la dramatisation du roman ; il vaudrait mieux dire le droit qu'un auteur peut avoir de s'opposer à l'emprunt de son livre, pour qu'il soit transformé en œuvre dramatique. Il a été rappelé qu'en tout état de cause le consentement de l'auteur est exigible. La solution de la question est donc subordonnée à cette condition.

Sur une question relative aux lectures publiques, on a pensé que, surtout si la réunion a été payante, des citations peuvent être faites pour les besoins de la critique, mais dans une limite normale. La reproduction obtenue à l'audition, ou par la sténographie ou par le phonographe, ne saurait être rendue publique sans l'autorisation de l'auteur.

Enfin, on a mis au programme, comme proposition nouvelle, étrangère du reste aux relations internationales, la question du contrat d'édition, c'est-à-dire la réglementation légiférée des rapports entre les auteurs et les éditeurs. On a jugé qu'une loi sur ce sujet ne pouvait présenter que des lignes générales, empruntées aux dispositions acquises en jurisprudence.

Ces questions ont été traitées dans les diverses séances du Congrès. Nous n'avons malheureusement pas sous les yeux les comptes rendus de ces réunions certainement intéressantes ; les renseignements que nous pourrions y chercher auraient pour nous l'avantage de conserver, avec une certaine consécration, des solutions restées fugitives, et qui, si nous les rencontrons ailleurs, manquent d'une exactitude et d'une sanction formelles. Il y aurait peut-être à adresser à cet égard, à la Société des gens de lettres, un vœu pour la publication des comptes rendus sténographiés ; mais ce vœu rencontre, au premier examen, l'obstacle d'une décision prise, contre laquelle nous sommes sans action. Nous devons désirer cependant que ce volume vienne, tôt ou tard, se joindre à celui du premier congrès de 1878, pour fournir des éléments réguliers à l'étude de conventions nouvelles, ou d'une législation attentivement élaborée de la propriété intellectuelle.

Cette étude serait d'autant plus importante, au moment où l'on parle tant de la revision de l'acte de Berne, que si l'on arrivait à modifier cet acte plus complètement, si l'on venait, d'après la menace parvenue jusqu'à nous, à toucher à ceux de nos autres traités particuliers actuels qui survivent avec quelques conditions plus avantageuses, en vertu de l'article 15 de la Convention, ces conditions avantageuses pourraient être fâcheusement altérées. Il faut que le mûr examen de ce que nous avons gagné, de ce que nous avons encore à attendre, se fasse avec une entente intime et raisonnée. Nous avons à consolider la situation protectrice que nous avons acquise, et notre rôle est d'éclairer, sur un

danger possible, le département dont nous avons plusieurs
fois obtenu le concours efficace.

C'est sous l'influence de ces convictions que les sociétés
avaient tenté de faire entrer plus particulièrement dans le
programme du congrès des gens de lettres les cinq questions
restées sur le tapis à l'issue des conférences diplomatiques
de Berne.

Ce qui suit est un coup d'œil rapide en arrière, qui peut
expliquer de combien les délégués français auprès de ces
conférences avaient devancé les programmes dont nous
venons de parler.

Le Syndicat des sociétés françaises, et avec lui la commission des auteurs et compositeurs dramatiques, espé-
raient que le délai d'un an, réservé jusqu'au jour des signatures, pourrait impliquer un examen de la dernière
heure, ou du moins que, sur quelques points où les sociétés
ne se trouvaient pas absolument satisfaites, il serait possible
d'introduire, après l'article additionnel que nous avons
mentionné, l'opportune modification d'un protocole final
ou d'une déclaration supplémentaire.

Ces points, précisés dans un résumé publié le 2 octobre
1886, — il nous importe de prendre date à cet égard, —
concernaient :

1° Une réserve formelle à l'égard du mot de *propriété*, ou
littéraire ou artistique, qui a été remplacé à Berne par l'expression très incomplète et d'ailleurs très inexacte de *droit
d'auteur*, sur la consécration duquel nos traditions ne nous
permettent pas de passer condamnation ;

2° L'admission du principe d'assimilation, qui consiste à
reconnaître à l'auteur le droit sur la traduction de son
œuvre, *pendant une aussi longue durée que pour tout autre
usage de sa propriété*. On sait à cet égard qu'à la suite d'une
résistance regrettable, nos négociateurs n'ont pu obtenir
une durée de plus de dix ans ; ce qui a donné lieu aux réserves des délégués français.

3° La désignation précise du *roman-feuilleton*, dans le
paragraphe relatif aux articles de journaux et recueils pé-

riodiques, comme ne pouvant, même à défaut de mention spéciale, être reproduit sans le consentement de l'auteur ; le délai quelconque pendant lequel s'exerce le droit de traduction ne devant être compté, pour lesdits romans-feuilletons, que du jour de la publication de la « dernière livraison » ;

4° La nécessité d'une disposition déclarant que la publication d'une œuvre dramatique ou dramatico-musicale n'autorise pas à la représenter sans le consentement de l'auteur, pas plus que la représentation n'autorise la publication ;

5° La formule à consacrer pour déterminer la nature et l'étendue des emprunts destinés aux ouvrages d'enseignement.

Rappelons que les délégués de la France, lorsqu'il n'y eut plus qu'à prendre date pour la signature du pacte nouveau, avaient proposé une *Déclaration* qui eût fourni sur ces points indécis une solution logique. Ils établissaient, sur la troisième question, que le roman-feuilleton n'est pas un article de journal, mais bien réellement une œuvre de littérature, publiée dans une forme spéciale ; que l'on ne pouvait lui appliquer l'article 7, qui a trait aux écrits divers insérés dans le corps du journal, et qui rarement sont destinés à être réunis en volume. « Le roman publié en feuilleton doit recevoir le bénéfice des articles 2, 5, 10 et 11. »

Il n'intervint, à l'égard de ces questions réservées, ni protocole final, ni déclaration supplémentaire, et les associations littéraires et artistiques convinrent de se tenir prêtes à présenter des notes sur ce sujet, lorsque le ministère des affaires étrangères aurait fixé la date de la revision.

Deux tâches non moins intéressantes nous sont échues, et nous ne devons pas différer d'en parler, bien que nous ne soyons pas encore tout à fait sortis des préliminaires. Il s'agit ici des deux grandes questions des États-Unis d'Amérique et de la Russie.

Ces deux pays sont restés, avec la Suède et la Norvége, avec le Danemarck, la Hollande, les pays d'Orient et quelques États sud-américains de langue espagnole, en dehors des conventions européennes conclues par la France pour la protection de la propriété intellectuelle.

L'Union de Berne, il faut bien le reconnaître, n'a encore obtenu que dix ou onze adhérents, parmi lesquels il ne faudrait peut-être pas compter pour beaucoup, ni le Salvador, ni Libéria, ni la Tunisie[1] ; en même temps que l'Angleterre se refuse à se soumettre à certaines conditions, parce qu'elle a, déclare-t-elle, des lois d'État, elle dira même des coutumes, qui priment la Convention.

C'est de là, maintenant, paraît-il, que prétendraient nous venir la réforme et la loi. La Suisse elle-même semblerait s'engager dans cette voie. Les projets de revision fragmentaire se multiplient ; il n'est pas un de ces congrès libres, qui de temps en temps siègent en Europe, dans lequel un article de la Convention ne soit pris à partie. Il en résulte que ce pacte arriverait à être entièrement remanié, puisque le voilà presque abandonné par ceux qui l'ont conçu, et par la Suisse elle-même, si heureuse, alors, d'être le Délos de cet enfant qui demandait assistance.

Nous avons donc grand intérêt à conclure d'une manière stable, ou à confirmer des relations justement appréciées et qui servent au plus haut degré les intérêts que nous protégeons.

Or, M. Cattreux établit, à ce sujet : que les conventions particulières assurent des garanties bien plus grandes que celles offertes à cet égard par la Convention de Berne elle-même.

« Les conventions particulières offrent les avantages suivants :

« 1° Application du traitement de la nation la plus favorisée ;

« 2° Stabilité pendant la durée des conventions ;

---

1. Si la Tunisie n'est pas encore un pays littéraire et artistique, elle n'en a pas moins apporté un intéressant concours à l'expression des dées françaises auprès de la Conférence de Berne. Elle avait délégué, avec nos négociateurs, le savant professeur M. Louis Renault, dont la voix, dans le cours des négociations, a soutenu les principes de l'assimilation.

« 3° Minimum de droits garantis et extensions éventuelles.

« Et l'on peut évidemment réaliser les mêmes avantages par la conclusion d'unions particulières ou spéciales constituant un progrès sur l'Union de Berne. »

On a certainement conservé le souvenir de l'attitude prise, au cours des négociations de Berne, par l'honorable ministre plénipotentiaire des États-Unis d'Amérique auprès du gouvernement helvétique, M. Winchester. Il avait été délégué auprès de la Conférence, sans mandat pour conclure, et seulement *ad audiendum*. Lorsque les dix pays signataires de l'Union furent invités à formuler leur opinion, le délégué espagnol, M. Tamayo, rappela que son pays avait donné, dans le traité franco-espagnol, un témoignage éclatant de son respect pour les droits de l'auteur et pour les opinions modernes, en matière de propriété littéraire ; l'Angleterre se réserva d'étudier la question relative à la dramatisation ; l'Allemagne déclara qu'elle eût voté négativement, si le projet de Déclaration eût été maintenu ; Liberia exprima une objection à l'égard de la part contributive qui pourrait lui être demandée pour l'allocation à servir au bureau central en Suisse ; le délégué du Japon se retira, se disant insuffisamment éclairé ; et les représentants de la France, redoutant les conséquences d'un dissentiment, retirèrent leur proposition. Le délégué des États-Unis, M. Winchester, malgré la réserve expectante qui lui était dictée, exprima d'une voix ferme l'opinion « que le temps n'était plus éloigné où le droit de propriété sur les créations de l'esprit pourrait être assuré en tout lieu, de façon à satisfaire également aux exigences de l'auteur et au droit que possède tout le monde de tirer profit de la diffusion des idées. *L'homme dont le cerveau crée a droit à une légitime et entière rémunération.* » (Séance du 6 septembre 1886.)

Lorsque M. le comte de Kératry offrit, pour assurer en Amérique la protection des œuvres des auteurs français, de mettre à profit une mission qui lui était donnée par M. le ministre de l'instruction publique, l'allocution de M. Winchester servit, pour ainsi dire, d'épigraphe au mandat signé par les Sociétés. Le Comité des auteurs dramatiques fit cause commune, et, depuis les débuts de la mission de M. de Kératry, nous n'avons pas cessé d'appuyer sa campagne énergique et dévouée.

La direction des affaires commerciales au ministère des affaires étrangères avait exprimé le désir de connaître la note remise à M. de Kératry en cette circonstance. Elle était ainsi conçue :

« Monsieur de Kératry, disait cette note, voudra bien agir auprès du gouvernement des États-Unis d'Amérique afin d'en obtenir la reconnaissance des droits légitimes de l'écrivain et de l'artiste, et la protection des privilèges de la plus noble des propriétés. Monsieur de Kératry voudrait bien s'efforcer de faire accepter, par l'Amérique, les bases d'une entente conforme à celles qui engagent entre elles, à cet égard, les différentes nations européennes, et, *tout au moins* les conditions du traité d'union conclu à Berne en 1886. »

Le ministre fit la réponse suivante à cette communication :

« Monsieur, vous m'avez communiqué, à la date du 23 de ce mois, copie de la note que vous avez remise à M. le comte E. de Kératry, relativement aux démarches qu'il se propose de faire, aux États-Unis, au nom du Syndicat de la propriété littéraire et artistique dont vous êtes le président ; vous m'avez exprimé, en même temps, le désir d'obtenir l'appui officieux de mon département en faveur des intérêts qui motivent le voyage de M. de Kératry.

« Vous savez, Monsieur, que la question de la reconnaissance des droits de la propriété de nos auteurs et de nos artistes, aux États-Unis, est l'objet de la sollicitude du gouvernement et que des instructions ont été, depuis plusieurs années, notamment à la suite de la Convention de Berne, adressées, sur ce sujet, à la légation de la République à Washington. Le syndicat que vous présidez était donc assuré du concours empressé de mon département. Je viens de porter à la connaissance de M. le ministre de la République à Washington la note que vous avez bien voulu me communiquer, et je l'ai prié de prêter ses bons offices à M. le comte E. de Kératry, dans la plus large mesure possible.

« Recevez, Monsieur, les assurances de ma considération distinguée.

« *Signé* : SPULLER. »

Le délégué français arriva aux États-Unis au moment où le parti républicain, se proclamant résolument protectionniste, entrait aux affaires.

« Dès son arrivée en Amérique, profitant de l'attention qui s'attachait à son nom et à son caractère, M. de Kératry commença une campagne de propagande en faveur de la reconnaissance du droit des auteurs étrangers [1]. Des journaux, spécialement le *New-York Herald*, publièrent des articles qui l'assuraient de leur respectueux concours. La question fut ainsi mise de nouveau à l'ordre du jour. M. de Kératry se rendit à Washington. Là, grâce à l'appui du ministre de France, M. Roustan, il put entrer en relations avec MM. Blaine, secrétaire du ministère d'État, et Warthon, secrétaire d'État. Ceux-ci reconnurent immédiatement le principe de la protection internationale des auteurs étrangers ; M. Blaine alla jusqu'à s'écrier : « Il faut que cette volerie cesse. » Il fut entendu, dès lors, qu'un traité serait conclu entre les États-Unis et la France. M. Roustan fut autorisé à écrire au gouvernement français pour lui demander l'envoi d'un projet de traité. »

Ce projet, préparé et présenté au gouvernement américain par M. de Kératry, le Syndicat a été appelé par notre ministre des affaires étrangères à l'étudier et à le discuter.

Le gouvernement français, sur notre avis, avait pris pour base du traité à conclure, et essayait de faire accepter au cabinet américain, les principes de la convention espagnole, et déjà proposés par notre délégué dès l'ouverture des négociations qui se poursuivaient à Washington.

---

1. Procès-verbal de M. Lyon-Caen, à la Section des sciences économiques et sociales, 18 décembre 1889.

« Mais, dit M. de Varigny (*Revue des Deux Mondes* du 15 mars 1890), le 14 décembre 1889, cédant tout à coup à des considérations de politique intérieure, M. Blaine avisait le ministre de France et M. de Kératry que le président de la République, dans son message annuel au Congrès, référait au pouvoir législatif la solution à donner au *Copyright* international, la recommandant à son attention *comme éminemment juste et sage.* » « Dans ces conditions, ajoutait M. Blaine, et bien que son opinion personnelle fût toujours que la plus prompte manière de régler la question eût été de procéder par voie de négociation directe subordonnée à l'appréciation du Sénat seul, il ne pouvait, pour le moment, s'engager dans cette voie; il devait attendre le vote successif des deux Chambres. »

M. de Kératry resta résolument sur la brèche, grâce à son accord complet avec l'*American Copyright league*, et avec tous les grands éditeurs américains, ralliés franchement, comme les auteurs du pays, à la protection de la propriété littéraire et artistique. Un double bill, conçu dans les mêmes termes favorables, fut déposé dès le début de la session (4 décembre 1889), au 51e congrès; le premier, au Sénat par le sénateur Platt; le second, par le député Bree kenridge, à la Chambre des représentants.

Les 2 et 3 mai 1890, le bill du *Copyright* international vint à discussion, pour la première fois, dans la Chambre des représentants. Partisans et adversaires engagèrent une lutte des plus vives. Le projet fut repoussé par 126 membres contre 98, sans compter 103 abstentions. Les ennemis du bill, les députés de l'Ouest, triomphaient des représentants éclairés et lettrés de l'Est.

Quoi qu'il en fût, l'armée battue s'annonçait déjà imposante. Encouragé par ce premier vote, M. Breekenridge, usant d'une manœuvre parlementaire spéciale au règlement intérieur du Congrès, demanda et obtint la remise en question du bill déjà fait.

Le 10 juin, M. Simonds, qui avait pris une part active à la mêlée parlementaire, déposait et faisait agréer de la commission des *patents*, qui le choisissait à l'unanimité comme rapporteur, un nouveau bill favorable aux auteurs et artistes étrangers, avec une clause supplémentaire, celle de la réciprocité obligatoire entre les États-Unis et les puissances qui voudraient faire bénéficier leurs nationaux de la nouvelle législation.

Depuis lors, un grand mouvement, suscité dans la presse et dans les établissements littéraires par les efforts infatigables de l'*American Copyright*, et par l'inébranlable dévouement du délégué français, rallia au bill projeté un grand nombre d'hésitants et même d'adversaires.

Le bill Simonds vint en tête de l'ordre du jour de la Chambre des représentants, qui rentra en session dès les premiers jours de décembre 1890. La cause si activement servie par M. de Kératry, au nom de la propriété littéraire et artistique française, triompha brillamment. Le *Copyright bill* fut voté, le 2 décembre, par 139 voix contre 95. Quelques lignes, au commencement de ce travail, font connaître les dispositions dominantes consacrées par ce vote.

Le projet fut tout aussitôt porté au Sénat, qui introduisit un amendement, et celui-ci ayant été accepté par la Chambre des représentants, le bill fut présenté au président des États-Unis qui signa la promulgation le 4 mars 1891.

Les dispositions nouvelles deviennent loi de la République américaine. Il ne reste sans doute plus, suivant les usages internationaux, qu'à échanger une convention diplomatique pour rendre ces dispositions applicables à la France, avec la sanction de notre gouvernement, et consacrer la réciprocité, en France, à l'égard des États-Unis.

Vis-à-vis de la Russie, voici quelle était notre situation depuis trente ans. Nous avions échangé avec l'empire, le 6 avril et le 9 mai 1861, une convention pour la garantie réciproque du droit de propriété ou d'auteur des œuvres d'esprit et d'art (art. 1er).

Cette convention interdisait, en les considérant comme contrefaçon, la *réimpression* et la *reproduction* en Russie de l'œuvre française, si cette reproduction n'était pas autorisée par l'auteur. Elle assimilait aux ouvrages originaux les *traductions* faites, dans l'un des États, d'ouvrages nationaux ou étrangers ; elle protégeait le traducteur, par rapport à sa traduction, autorisant la poursuite comme contrefaçon de toute reproduction illicite, c'est à-dire que n'aurait pas rendue licite le consentement de l'auteur.

Il semblait résulter nettement de ces termes que l'auteur d'un livre original avait le droit de poursuivre comme contrefaçon la traduction de ce livre, aussi bien qu'il poursuivait la reproduction d'un article de journal ou de recueil périodique, lorsqu'il avait formellement déclaré, dans le journal, qu'il interdisait cette reproduction. Mais cependant, à défaut de dispositions indiquant la durée de l'exercice de ce droit de l'auteur, et en présence de contradictions résultant de la loi fondamentale de l'Empire, il s'était constitué une espèce d'exercice de droit commun, contraire aux réserves protectrices résultant de la convention, et qu'on appelait généralement la *littérature des traductions*.

La Convention de 1861, rarement invoquée ou difficilement appliquée, restait à peu près lettre morte. On essaya inutilement d'en obtenir l'amélioration.

Cette situation dura jusqu'au mois de décembre 1885, époque à laquelle survint la lettre suivante, de M. le Ministre des affaires étrangères :

« Monsieur le Président, l'ambassadeur de Russie à Paris m'a notifié que les stipulations de la convention littéraire et artistique franco-russe du 6 avril 1861 avaient cessé d'être conformes aux vues du gouvernement impérial, et qu'en conséquence celui-ci, usant de la faculté stipulée à l'article 10 de cet acte international, croyait devoir le dénoncer.

« La convention dont il s'agit ayant été prorogée d'anneé en année, depuis le 13-2 juillet 1866, cessera d'être en vigueur le 14-3 juillet 1887.

« Recevez, Monsieur, etc.

« Signé : DE FREYCINET. »

Les sociétés françaises, en s'adressant au ministre, le 18 juin 1886, voulurent essayer de détourner l'effet de cette mesure profondément fâcheuse pour les littérateurs et les artistes français, désormais exposés à n'être plus protégés contre l'usage non déterminé de leur propriété en Russie, tandis que les auteurs russes restaient garantis en France par notre décret-loi du 28 mars 1852.

Le ministre voulut bien faire savoir qu'avant le terme assigné, il avait prescrit de présenter des propositions ayant pour objet de remplacer la convention dénoncée par un instrument plus conforme aux relations des deux pays et aux intérêts intellectuels dans l'un et dans l'autre. La situation se prolongea sans solution utile jusqu'au commencement de la présente année.

C'est alors que M. de Kératry, dans l'intervalle que lui ouvrait la suspension habituelle des travaux du Congrès américain, offrit aux écrivains et aux artistes de mettre à leur disposition ses relations personnelles pour engager de nouveaux pourparlers avec le gouvernement russe, et essayer, préalablement à l'action diplomatique, de reprendre les négociations interrompues.

D'accord avec le Syndicat des Sociétés et avec le Comité de la Société des gens de lettres, encouragé dans son entreprise par la direction des affaires commerciales et consulaires, M. de Kératry partit au mois de juillet pour Saint-Pétersbourg, se mit tout aussitôt en rapport avec les principaux membres du gouvernement, fit accepter son mandat, obtint l'accueil sympathique que son nom, son caractère et la cause qu'il défendait ne pouvaient manquer d'obtenir; revit, avec les fonctionnaires compétents, notre traité de 1861, les différents traités qui lient la France ou la Russie avec d'autres États, tint compte des formes du gouvernement, des traditions, des conditions particulières de la législation russe en vigueur, et revint avec un projet de convention basé, autant que possible, sur les dispositions le plus généralement admises dans nos relations internationales pour la garantie de la propriété intellectuelle.

On a pu prendre connaissance de ce projet; les motifs

des clauses particulières dictées par les traditions et les
sentiments du gouvernement russe ont été exprimés; nous
avons tous indiqué les modifications ou les réserves qu'il
paraissait utile d'introduire pour rester conformes à nos
usages, et en confirmant à M. de Kératry la continuation
de l'entier concours et de la gratitude de tous, nous lui
avons laissé le soin de remettre son projet, sous le bénéfice
de son initiative, entre mains officielles compétentes, pour
recevoir telle suite qu'il appartiendra.

On sait que l'empereur de Russie, sur les démarches de
l'éminent mandataire des sociétés littéraires et artistiques
françaises, chaleureusement appuyé par notre ministre des
affaires étrangères et par l'ambassadeur de France à Saint-
Pétersbourg, a bien voulu se montrer favorable à la reprise
des négociations entre les deux gouvernements, en vue d'un
nouveau traité. Ces négociations suivent actuellement leur
cours.

On n'ignore pas que nous avons, chez nous, un projet
qui pourrait être considérable pour nos intérêts nationaux, mais qui exige une très sérieuse élaboration profondément méditée. Nous parlons de la proposition de loi sur la
propriété intellectuelle, déposée par M. Philipon, membre
de la Chambre des députés, avec rapport de l'auteur, « au
nom de la commission. »

Il ne suffit pas de faire un choix parmi nos lois et ordonnances antérieures, ni de dresser ce qu'on appelle une codification, dans un classement méthodique. Il faut aussi
rechercher attentivement chez les autres s'il est quelques
dispositions qui nous soient d'un bon exemple. Ce n'est pas
non plus un mérite que de faire un résumé, en apparence
heureux, et de le présenter comme valant tout le passé. Il
est dangereux, et certainement imprudent, une fois condensé
ce passé en trente-huit articles, d'abroger d'un trait de
plume ces lois, ordonnances et décrets antérieurs qui, constituent le domaine précieux de notre histoire. Il faut au

contraire réunir tout cela, afin de voir quelle a été la marche
de nos usages et de nos principes, et par quelle progression
s'est fondé notre droit.

Il faut ensuite étudier les besoins nouveaux, avec le concours de la pratique, afin de régulariser des droits qui se
dont affirmés depuis notre loi de 1793. Il faut tenir compte
du sentiment national qui a créé cette loi.

On paraît craindre que le projet de M. Philipon ne ré-
ponde pas à ce sentiment philosophique, que ce ne soit trop
simplement un choix ingénieux, pour lequel l'auteur ne se
sera pas assez préoccupé du rang que peu à peu ont con-
quis, dans la société française, les groupes intellectuels qui
ont assis, pour les œuvres de l'esprit et de l'art, une des
grandes propriétés parmi les richesses de notre nation.

On pense généralement que M. Philipon aura méconnu
ce principe qui devait présider à l'élaboration de l'acte proposé à la Chambre des députés.

M. Sauvel, le distingué conseil de nos sociétés littéraires
par une note énergiquement conçue, et tout en rendant
hommage à l'intention qui a inspiré ce projet, a estimé, de
son côté, « que la législation actuelle, quoique composée de
textes nombreux et séparés, présente des dispositions consacrées par l'expérience, interprétées et complétées par la
jurisprudence, et qui assurent d'une façon aussi complète
que possible la protection due aux œuvres de l'esprit.

« Que les inconvénients de l'absence de codification ne
sauraient se comparer avec ceux qu'offrirait un texte entièrement nouveau et contenant des dispositions dont plusieurs modifient, sur des points importants et d'une façon
très grave, la situation actuelle. »

M. Sauvel a exprimé l'avis « qu'il n'y avait pas lieu de
sonner suite à la proposition dont la Chambre a été saisie. »

Après avoir étudié attentivement ce projet, nos sociétés
ont adressé leurs observations à la commission parlementaire chargée de l'examen, suivant les us et coutumes de la
Chambre. Elles ont formulé les rectifications qu'il faudrait
introduire dans le texte présenté, et elles ont conclu, de-

vant la résolution un peu trop formelle de l'auteur, par la proposition que leur caractère et leur mandat autorisent, d'attendre une étude plus intime des besoins et des exigences des groupes représentant la littérature, la science, les arts du dessin et de la plastique, l'art de la musique.

Il peut certainement nous être permis de recommander à l'auteur du projet de consulter le précieux modèle que présente le livre important du député espagnol M. Danvila, sur la propriété intellectuelle, et les savants débats parlementaires de la loi belge de 1886.

C'est ainsi, comme le dit avec nous notre distingué confrère et ami M. Louis Cattreux, « que l'on marchera vers l'idéal que nous avons en vue : la codification internationale du droit de l'auteur et le respect absolu, dans tous les pays, de l'œuvre littéraire, scientifique et artistique. »

Concluons maintenant, au sujet de ce projet de « loi d'ensemble », que si nous nous permettons d'y introduire, pour notre compte, quelque point de réforme, c'est parce que, venant d'étudier les nombreux traités de la France avec les autres pays, pour la protection de la propriété intellectuelle, il nous semble absolument juste de voir mentionner, comme faisant loi chez nous désormais, les conditions de réciprocité offertes par nous dès 1852, et celles que nous avons aussi successivement obtenues depuis lors.

Le reste du projet relève, à bon droit, de l'examen des diverses corporations littéraires et artistiques, au point de vue de leur expérience acquise et de leurs intérêts professionnels.

ANGERS. — IMP. BURDIN ET Cie, RUE GARNIER, 4.

ANGERS, IMPRIMERIE BURDIN ET Cⁱᵉ
4, RUE GARNIER, 4.